DE

L'OPPOSITION

ACTUELLE,

PAR UN ÉCRIVAIN DE L'ANCIENNE OPPOSITION.

A PARIS,

CHEZ C. J. TROUVÉ, IMPRIMEUR-LIBRAIRE,
RUE DES FILLES-SAINT-THOMAS, N° 12.

1824.

AVANT-PROPOS.

Quand la monarchie étoit en péril, il a fallu attaquer avec vigueur le funeste système qui la précipitoit vers sa ruine; lorsque le vaisseau de l'Etat cingle heureusement vers le port, quoique encore à travers quelques écueils, je pense aussi qu'il peut être dangereux de troubler par des cris imprudents la manœuvre de ceux que le pilote a cru devoir employer à la conduite du vaisseau.

S'il fut un temps pour l'attaque, il en est un plus heureux pour le repos; un temps où il doit être doux de se confier pleinement à l'amour et à la sagesse de son Roi; et je pense que cette époque est arrivée sous Charles X, ou il faut y renoncer à jamais. L'arrivée au trône d'un si excellent prince, d'un si loyal chevalier, d'un *Français* si accompli, doit être une ère de réconciliation pour tous les Français; je n'en excepte personne, pas même cette malheureuse classe d'hommes appelés MINISTRES; et cette réconciliation de tous les enfants doit être pour le père de famille le droit de *joyeux avènement*.....

DE L'OPPOSITION ACTUELLE.

Il y a quelques années que l'on crioit contre le ministère, et certes l'on avoit raison de crier et de crier fort, et nous ne fûmes pas les derniers assurément. Alors la monarchie étoit entraînée avec rapidité vers l'abîme;... alors la fidélité étoit un crime, et la révolte un titre d'honneur;... alors tous les royalistes étoient peu à peu chassés de leurs emplois, et remplacés par des hommes qui avoient donné des gages à la révolution;... alors un militaire dévoué étoit abreuvé d'amertume, pour avoir étouffé une révolte l'épée à la main, et un autre emprisonné pour en avoir déjoué une par sa prudence et sa fermeté;... alors la religion étoit honnie, les missionnaires chassés d'une province, les églises restoient veuves, et un traité signé par le chef de l'Église et le Roi de France demeuroit sans exécution, non sans quelque atteinte à l'honneur de nos engagements et de la diplomatie française aux yeux de l'Europe;... alors un nom régicide sortoit de l'urne électorale, et bientôt après, comme pour couronner tant de fautes ou de perfidies, et mettre le sceau à une si déplorable administration, un fils de France tomboit sous le poignard d'un frénétique; et l'homme qui, sans un miracle de la Providence, auroit éteint la branche française de Louis XIV, et qui faillit ôter à une nation ce qu'elle a de plus précieux, son avenir, cet homme-là ne fut pas puni du supplice des parricides, et celui qui avoit répandu le sang de nos Rois ne fut pas distingué de celui qui contrefit seulement leur effigie....

Si l'on nous eût dit alors : « Un temps viendra
» où vos douleurs seront adoucies; tout ce qui
» n'est pas irréparable sera réparé; le minsitère,
» qui n'a pas votre confiance, sera remplacé par
» un ministère presque de votre choix;... vous
» vous plaignez que les administrations sont rem-
» plies d'hommes douteux, elles seront renouve-
» lées;... vous déplorez le veuvage de nos églises,
» elles reverront leurs premiers pasteurs, et avec
» eux la religion recommencera à fleurir en
» France;... vous gémissez de voir l'éducation
» publique presque entre les mains de la philo-
» sophie, elle sera confiée à un évêque et à celui
» qui, durant les *jours mauvais*, luttoit avec au-

» tant d'éloquence que de zèle contre l'irréligion,
» et préparoit à la France une génération chré-
» tienne;.., vous vous indignez de voir la religion
» de saint Louis sous la tutelle des bureaux d'une
» administration civile, eh bien ! vos plaintes
» seront entendues, la religion sera émancipée,
» et ce sera un prince de l'Église qui sera chargé
» de faire parvenir ses besoins au pied du trône...
» Si des complots toujours renaissants viennent
» menacer la monarchie, ils seront vigoureuse-
» ment réprimés, et la révolte sera rendue
» presque impossible à l'avenir, par la fidélité de
» l'armée et la vigilance des magistrats... La ré-
» volution sera étouffée en France, terrassée en
» Espagne; une guerre glorieuse, conduite par
» un Bourbon qui relèvera l'éclat de ses lauriers
» par sa générosité et sa modestie au sein de la
» victoire, replacera la France au rang d'où l'u-
» surpation toute seule avoit pu la faire descendre;
» un repos profond succédera à l'agitation et aux
» alarmes; les impôts seront allégés, et après
» avoir si long-temps soupiré après des élections
» royalistes, vous en obtiendrez auxquelles vous
» n'aurez peut-être d'autres reproches à faire que
» de l'avoir trop été; et une chambre aussi reli-
» gieuse que monarchique vous donnera un long
» avenir de sécurité et de repos... »

Si l'on eût prédit tant de merveilles aux royalistes il y a quelques années, et qu'on leur eût dit en même temps : « Vous criez aujourd'hui contre » le ministère, eh bien! plusieurs d'entre vous » crieront plus fort encore contre le ministère » sous lequel toutes ces choses se seront accom- » plies, et vous mettrez à le renverser la même » ardeur que vous mettez à faire tomber celui » sous lequel vous gémissez aujourd'hui... : » de bonne foi, ne se seroit-on pas récrié contre l'extravagance d'un tel langage et l'absurdité d'une semblable prophétie?.. Et cependant voilà où nous en sommes. On a crié pour obtenir la victoire, on crie plus fort après l'avoir obtenue. Ce n'est sans doute pas la première fois que cela est arrivé, et ce ne sera vraisemblablement pas la dernière ; c'est dans la nature du cœur humain qui est insatiable, et je veux que cela soit aussi suivant toutes les règles du gouvernement représentatif; mais je ne sais si c'est aussi bien dans les intérêts des royalistes qui n'ont triomphé de leurs ennemis que par leur union, et qui devroient se souvenir combien de fois la division entre les vainqueurs leur a fait perdre les fruits de la victoire.

On auroit pu croire, dans les circonstances présentes, que le danger de multiplier les embarras toujours inséparables d'un nouveau règne, les égards dus à d'augustes douleurs, le devoir de ne pas les aggraver encore, en célébrant par des combats entre royalistes les obsèques d'un roi si pacifique, et je ne sais quelle convenance toute française de respecter au moins quelque temps encore les derniers choix du monarque défunt, et comme l'expression de ses volontés suprêmes; on auroit pu croire que des considérations si graves ou des égards si délicats nous auroient fait abjurer nos préventions ou nos rivalités sur la tombe du Roi que nous pleurons, et que tous les cœurs se seroient réconciliés et confondus dans l'amour du prince adoré qui lui succède.. Mais, hélas! cette espérance a été vaine, et ce nouveau règne s'ouvre sous les auspices d'une guerre violente contre ceux que le monarque honore de cette même confiance que son auguste frère leur avoit conservée jusqu'au tombeau.

Ce que l'on peut reprocher de plus grave au ministère, sans contredit, c'est de n'avoir pas réussi à l'une des deux Chambres, lors de la présentation de quelques lois. Je sais que l'on pourroit dire à cela qu'il a réussi dans d'autres, et qu'après tout, le vote du budget, la grande pierre de touche de la faveur d'un ministre auprès des Chambres, suivant les maximes les plus rigoureuses du gouvernement représentatif, est venu réparer les échecs qu'il pouvoit avoir reçus en d'autres rencontres. Mais enfin, je suppose ces échecs plus graves encore; je veux ne compter pour rien la grande majorité de la Chambre qui représente les provinces de France, en faveur d'une loi pour laquelle les provinces, qui sont quelque chose en France, s'étoient prononcées, et qui eût passé à trente lieues de Paris, ou peut-être à Paris, si un quart des membres de l'autre Chambre n'eût été absent. Le pouvoir royal, en conservant son ministère après cette défaite, et lui donnant même des marques publiques de la continuation de sa confiance, semble avoir fait par-là une déclaration authentique de sa prééminence sur les autres pouvoirs de la société : il semble en appeler à lui-même et à sa propre sagesse de l'erreur ou de la précipitation d'une opinion qui peut n'être pas toujours l'opinion publique ; il semble vouloir attendre comme un plus *ample informé* et de nouvelles épreuves de la part des Chambres ; et le monarque se retirant au fond du sanctuaire de la royauté, où viennent expirer les intérêts privés et les passions, et s'enveloppant de toute l'impassibilité et la justice de la majesté souveraine, veut juger avec circonspection et avec calme les hommes qui lui avoient paru dignes de son choix, et qu'il avoit appelés à l'exercice de sa puissance.

Quelle doit être alors la conduite des amis éclairés de la royauté ? Ne doivent-ils pas attendre avec confiance et avec calme la décision de l'autorité royale, et l'opinion mieux exprimée des Chambres, opinion bien autrement imposante que celle des journaux, dans un état régulier de société? Et si, sur ces entrefaites, un nouveau règne commence; si le Monarque pleure encore un frère tendrement aimé; s'il lui a à peine rendu les derniers devoirs, et qu'à la douleur privée viennent se joindre encore les sollicitudes publiques et toutes les épines de la royauté, ne lui donnera-t-on pas même quinze jours pour se reconnoître au milieu de tant de soins? et se laissera-t-il arracher presque de vive force le renvoi de ceux dont son prédécesseur avoit été content, et dont il veut lui-même éprouver les services? Une administration tout entière devra-t-elle tomber devant quelques articles de gazette? et le Roi de France, avant d'avoir seulement assemblé ses Chambres, se laissera-t-il imposer par un peu de bruit et les opinions diverses des salons? Où seroit la dignité d'un gouvernement aux yeux de l'Europe? Où seroit sa force? Où seroit sa sécurité et son repos pour l'avenir? Quel rôle feroit-on jouer au monarque, qui doit être libre dans le choix ou le renvoi de ses ministres? Et s'il les renvoyoit lorsque sa confiance pour eux est connue, cela ne ressembleroit-il pas à des temps de douloureuse mémoire, et précurseurs de temps plus douloureux encore?

Ce que l'on concède peut être utile ; ce qui est arraché, ou qui le paroît, ce qui est la même chose aux yeux des peuples, est toujours funeste, surtout au commencement d'un règne. En toute chose, c'est presque toujours le début qui décide du reste, et qui fixe irrévocablement l'opinion sur les rois comme sur les autres hommes.

D'ailleurs, ces changements perpétuels de ministère n'annoncent-ils pas la débilité d'un gouvernement ? de même qu'un changement fréquent de serviteurs dans une maison est un signe assez ordinaire de sa ruine ? N'ôtent-ils pas toute idée de stabilité à un empire ? N'allument-ils pas toutes les rivalités médiocres, en décourageant toutes les honorables ambitions ? Si un grand ministre ne fut jamais plus nécessaire qu'après les temps de trouble, et dans ces gouvernements surtout où le ministère est essentiellement responsable, puisque la royauté n'y *peut mal faire*, la France pourroit-elle espérer jamais des Sully, des Richelieu, des Colbert, si la confiance du prince ne peut soutenir ses ministres, et n'est une barrière insurmontable à toutes les intrigues, les passions ou les erreurs ? Je crois bien fermement que de long-temps encore *la matière ministérielle* ne sauroit manquer ; mais les *intelligences ministérielles* pourroient bien devenir rares ;... et les hommes d'un esprit supérieur et d'un cœur un peu haut, ce qui fait les grands ministres, pourroient bien s'éloigner tout-à-fait d'une arène où ils pourroient craindre de tomber au premier choc et au moindre souffle de ces feuilles légères, dont l'existence n'est que dans le mouvement et la nouveauté, et l'intérêt qu'elles inspirent, dans la vivacité de l'attaque, et surtout dans la fréquence des *accidents* ministériels....

Mais quoi! si l'amour seul du bien public nous anime, et que l'intérêt du trône nous fasse agir, ne peut-on se borner à éclairer des ministres? Toutes leurs fautes doivent-elles *tourner à la mort?* et les moindres défaillances de ces lumières de la sphère politique doivent-elles nous menacer sans cesse de leur extinction? Les ministres ne sont-ils pas sujets à l'erreur comme les simples mortels? et, si nous ne voulons que la conversion du pécheur, pourquoi nous acharner à le perdre?... Je conçois que le spectacle de la chute d'un ministère soit un passe-temps comme un autre; mais ces jeux de la fortune et de l'ambition coûtent un peu cher au repos des peuples; ils avilissent un peu l'autorité à leurs yeux; ils affoiblissent étrangement l'infaillibilité de cet oracle de notre droit public, que *le Roi ne peut mal faire,* puisqu'il fait mal au moins en choisissant des ministres qu'il est sitôt obligé de renvoyer.

Ah! si les politiques qui étudient l'opinion des

peuples, de leur cabinet, se donnoient la peine de parcourir les provinces, et d'y consulter un peu l'esprit public qui ne se trouve pas tout fait au bureau d'un journal, ils se formeroient peut-être des jugements bien différents sur les hommes et les choses, et leurs hautes spéculations se trouveroient plus d'une fois en défaut. Ils verroient souvent que telle loi qui paroît impopulaire à Paris, est très-populaire dans les provinces; que tel ministre qui leur déplaît y jouit de la faveur publique; que telle mesure qu'ils ont anathématisée y paroît fort indifférente; que le *noir* ou le *blanc* dans les journaux n'y étoit pas jugé par les hommes sensés incompatibles avec la liberté publique, toujours assurée par les tribunaux, et ne devoit pas faire désespérer un peuple grave du salut de son Gouvernement; qu'enfin, les imperfections d'un ministère (et qui est parfait ici-bas?) sont moins alarmantes pour le repos de l'Etat que ces révolutions perpétuelles des ministres qui ouvrent la porte à toutes les *médiocrités* (1), et finissent par la fermer au vrai mérite qui se respecte, et que des rivalités sans fin parviennent toujours à étouffer.

---

(1) Les pluriels deviennent fort à la mode, et je m'en sers comme les autres : les *médiocrités*, les *capacités*, les *notabilités*, les *gloires* même, etc.

On a remarqué que les princes habiles ont toujours gardé long-temps leurs ministres. Rien de grand et d'important pour la société ne peut se faire sans durée et sans fixité; et si le temps manque souvent à l'homme pour l'accomplissement de ses moindres desseins, que sera-ce si un ministère toujours chancelant est obligé de consumer tout son temps à se défendre lui-même, sans pouvoir défendre les grands intérêts de la société qui exigent tous ses moments, et doivent absorber toutes ses méditations?

Il n'est peut-être pas d'ailleurs sans quelque danger qu'un ministre se dise trop à lui-même : « Je suis ici aujourd'hui..., y serai-je demain?» Dans une position aussi précaire, il peut être tenté de s'occuper de ses affaires avant celles de l'Etat, qui ne se traitent pas aussi lestement, et pour lesquelles il ne voit pas assez d'avenir devant lui.

Je ne m'arrêterai pas à ces éternelles accusations *d'arbitraire*, *de despotisme*, *d'abus de pouvoir*, intentés aux *hommes du pouvoir*, sous un Gouvernement dont la mansuétude a quelquefois étonné l'Europe, et en présence des Chambres qui ne sont apparemment ni aveugles, ni vendues au pouvoir, et ne deviendroient pas, je pense, les instruments des *fureurs ministérielles*..... Le public seroit tenté de rire de l'homme assez simple pour répondre sérieusement à des inculpations aussi peu sérieuses. Je sais que l'on mystifie encore quelques bonnes gens avec ces grands mots qui donnent du mouvement à la phrase, et arrondissent merveilleusement une période... Mais j'ai peur que ces mots vieillissent bientôt avec les Bourbons; et sous leur sceptre paternel, ce ne sont pas les excès du pouvoir qui sont à craindre, mais l'ambition et les rivalités du pouvoir, habiles à se déguiser sous l'apparence du zèle pour la liberté, et les excès de la licence des esprits et des opinions qui amènent toujours avec elles le désordre de la société.

Aussi, dans le pays même des orages politiques, dans ce pays où l'on doit être le plus aguerri contre le danger de la liberté illimitée des opinions et l'agitation des esprits, un des hommes de lettres les plus distingués de l'Angleterre, déplorant, il y a déjà soixante ans, les funestes progrès de la licence, l'affoiblissement du pouvoir royal dans sa patrie, se plaint « de l'opposition
» violente des esprits peu retenus par les liens
» mêmes de la nature, du levain des passions, de
» l'ardeur des partis... Il se plaint que des rivaux
» animés assiégent le trône, et ne cherchent à
» limiter le pouvoir royal que pour étendre le
» leur. »

« Here by the bonds of nature feebly held
» Minds combat minds, repelling and repell'd

» Ferments arise, imprison'd factions roar
» . . . . . Contending chiefs blockade the throne,
» Contracting regal power to stretch their own. (1) »

Le mot de *Liberté*, a dit Tacite dans ses Annales, n'est le plus souvent qu'un vain prétexte pour troubler l'Etat; et certes, l'exemple de la révolution française est une autorité un peu plus grande encore que celle de Tacite.

On croit avoir flétri des hommes honorables, lorsqu'on les a appelés *les hommes du pouvoir*; expression un peu ambitieuse, qui semble prévaloir aujourd'hui, et qui se rencontre fréquemment chez des écrivains où l'on ne s'attendoit pas à la trouver. Mais de quel pouvoir entend-on parler? Si c'est du pouvoir légitime, et je ne pense pas qu'il y en ait d'autre aujourd'hui, je ne sache rien de plus honorable que d'avoir été appelé par le prince à l'exercice de sa puissance, et au soutien de ce pouvoir tutélaire de la société; et je ne crois pas que le titre d'*hommes du pouvoir* puisse jamais devenir une injure, quelque reproche qu'il y eût à faire à ceux qui abusent de ce pouvoir, ou, ce qui est plus grave, qui ne savent ou ne veulent pas en user, lorsque l'intérêt de la société, qui le leur confie pour sa défense, vient à l'exiger.

---

(1) *The Traveller*, Goldsmith.

Que dirai-je de ces autres reproches tout aussi sérieux que ceux de *despotisme et d'arbitraire*, de ces accusations d'avoir *renversé nos écoles, proscrit l'enseignement primaire comme le génie, les lettres comme les sciences, etc.?* Eh quoi! l'Europe admire les progrès de notre industrie; les lettres, les sciences et les arts reçoivent des encouragemens et des bienfaits dont l'infortune, la religion et la fidélité dépouillées, envient souvent une modeste part.... Il n'est pas d'année qui ne voie commencer ou finir quelque grande entreprise littéraire ou scientifique, et élever quelques-uns de ces monumens qui font l'admiration des étrangers; des expéditions lointaines sont allées porter dans d'autres climats l'honneur du nom français, les vertus de nos princes, et étendre encore le domaine de nos connoissances; des ouvrages honorables pour la religion, la morale et les lettres, ont prouvé que *le génie n'étoit pas encore proscrit en France*, et cependant le *vandalisme* nous menace sous les Bourbons, à ce que l'on dit!!!

Il est vrai que l'enseignement mutuel, dont le grand siècle de Louis XIV s'était bien passé, semble pâlir un peu; et la disparition d'une affiche nous a annoncé qu'une pièce des boulevards avoit éprouvé *l'arbitraire* et *le despotisme des hommes du pouvoir*....

Mais tout ce vandalisme, cet *obscurantisme* et cette tyrannie exercée contre l'enseignement, le génie, les lettres et les sciences, n'auroient donc attristé notre infortunée patrie, que depuis qu'elle a vu s'accomplir, en partie, le vœu du noble auteur du *Génie du Christianisme* ? Dans son ouvrage *de la Monarchie selon la Charte*, il s'exprime ainsi :

« Il n'y a aucun doute que l'éducation publi-
» que ne doive être remise entre les mains des
» ecclésiastiques et des congrégations religieuses
» aussitôt que l'on pourra : c'est le vœu de la
» France.... Depuis le commencement de la mo-
» narchie jusqu'à nos jours, il est incontestable que
» les talents supérieurs se sont trouvés placés dans
» l'Eglise ; elle a fourni nos plus grands ministres,
» comme elle nous a donné nos plus éloquents ora-
» teurs et nos premiers écrivains. Répandus dans
» le corps social, les *prêtres* y porteroient une in-
» fluence salutaire ; ils guériroient les plaies faites
» par la révolution, apaiseroient le bouillon-
» nement des esprits, corrigeroient les mœurs,
» rétabliroient peu à peu les idées d'ordre et de
» justice, déracineroient les fausses doctrines,
» introduiroient de toutes parts la religion qui
» est le ciment des institutions humaines, et la
» morale qui donne la perpétuité à la politique. »

Et le noble pair, qui formoit le vœu de voir l'é-
ducation publique entre les mains des prêtres et

des congrégations religieuses, repoussant les prétendues alarmes des ennemis de la religion, au sujet de l'envahissement du clergé, s'écrioit dans le même ouvrage que nous venons de citer : « Ne » voyons-nous pas des gens tout aussi sincères » craindre à présent la puissance de la cour de » Rome ? » Et il rapportoit en même temps le mot du docteur Johnson, qui disoit que ceux qui crioient de son temps aux *papistes*, auroient crié *au feu* pendant le déluge.

A propos des ministres, on a nommé Sylla, Octave, Robespierre, Buonaparte, et à propos de M. de Villèle, Pascal, les *Provinciales* (1), les

---

(1) Puisque l'on a parlé de l'auteur des *Provinciales* à l'occasion de M. de Villèle, il ne paroîtra pas étrange de parler, à l'occasion des *Provinciales*, d'une lettre fameuse sur les *Provinciales*, écrite par Fénélon au duc de Beauvilliers qui l'avoit consulté sur les lectures du duc de Bourgogne.

« Pour les *Lettres Provinciales*, lui écrivit-il, je crois qu'il » est à propos que le prince les lise ; aussi bien les lira-t-il » un peu plus tôt ou un peu plus tard ... J'y ajouterai toutes » les précautions possibles, toujours pour *découvrir la vérité*, » *et ne pas se laisser séduire par ce qui n'en a que l'apparence*. Une partie du grand mémoire que je vous ai envoyé, » lui fournit une *anatomie* des deux premières Lettres de » M. Pascal. Il y en a plus qu'il n'en faut *pour découvrir à* » *fond le* VENIN CACHÉ *dans ce livre* qui a été tant applaudi.... »

OEuvres de Fénélon, tome 1, page 582.

Le nom et la probité de Fénélon donnent, je pense, quelque autorité à son opinion sur le fond de ce livre.

Jansénistes, les Doctrinaires, Cicéron et M. Royer-Collard.... On nous a dit que les doctrines politiques du ministère étoient *celles qui avoient dirigé le sanguinaire Sylla et l'astucieux Octave, inspiré Richelieu et Mazarin, et que Robespierre et Buonaparte ne s'en étoient pas fait faute.....*

Mais, il le faut confesser, on a donné (pour la théorie, je pense) l'honneur de la supériorité sur eux à M. de Villèle: car on nous a dit que jusqu'alors cette doctrine (l'utilité du but qui légitime les moyens) *étoit restée secrète et cachée au fond du cœur.... mais qu'il étoit réservé au ministère de M. de Villèle de la mettre en lumière....* En fait de machiavélisme, *il étoit donc réservé* à M. de Villèle d'aller plus loin que Sylla, Octave, Robespierre et Buonaparte!....... C'est une chose à retenir, et c'est chez des écrivains renommés pour leur modération et leur gravité que cela se trouve. Voilà cependant dans quelles exagérations peut jeter l'ardeur des partis que déploroit l'écrivain anglais que nous avons cité! et l'exagération n'a jamais réussi en France, parce qu'elle est contraire au bon goût, et que le goût, ainsi que le sentiment des convenances, ont toujours distingué la nation française.

Mais, dira-t-on, on a renvoyé quelques ministres qui ont eu une grande part au bien qui s'est fait............ Je déplore assurément l'éloignement d'hommes honorables dont je respecte le caractère, le talent, le dévouement à toute épreuve, et dont les noms rappellent des services que la France ne sauroit oublier.... Mais je dirai toujours qu'au Roi, et au Roi seul, appartient le choix ou le renvoi de ses ministres;.... que là s'arrête la responsabilité ministérielle;.... que la pousser plus loin, non-seulement dans le droit, mais dans l'usage, seroit téméraire et attentatoire à la puissance suprême, et que l'on ne sauroit plus où s'arrêter si l'on venoit à franchir ces limites du sanctuaire de la royauté, pour laquelle il n'y auroit plus désormais ni dignité, ni force, ni liberté, ni inviolabilité.

J'admets de grand cœur assurément cette noble et salutaire fiction, que le *Roi ne peut mal faire;* mais l'étendre au-delà des bornes de la raison ne seroit ni convenable ni utile; et si j'ignore le point précis où ce principe doit s'arrêter, je sais toujours que le Roi choisit ses ministres, et que du choix de ses ministres dépend toujours le bien de l'Etat, et souvent le salut de la royauté.

Mais on a suspendu un moment la liberté des journaux, *qui sont l'arme la plus dangereuse,* de l'aveu même de l'auteur de *la Monarchie selon la Charte;* mais on l'a rétablie bientôt après, et le Gouvernement est juge des circonstances qui peuvent en provoquer momentanément la suspension.

Mais, assure-t-on, on menace la presse de lois terribles.... Je l'ignore, mais je trouve encore dans *la Monarchie selon la Charte*, où l'on trouve tant de choses aussi vraies qu'exprimées avec éloquence, « que la liberté de la presse ne peut exister » qu'en ayant derrière elle une loi forte, *imma-* » *nis lex*, qui prévienne la prévarication par la » *ruine*, la calomnie par l'*infamie*, les écrits sé- » ditieux par la *prison*, l'*exil*, et quelquefois la » MORT; » et cette loi, nous l'attendons encore.

On ne peut, sans une inconcevable prévention ou une extrême injustice (et il faut être juste même envers des ministres), méconnoître les immenses avantages que la monarchie a remportés sous ce ministère. Je veux croire que les ministres n'y sont pour rien; que, soumis à l'inflexible destin, comme Jupiter, ils n'aient été que les heureux témoins de tout ce qui s'est fait autour d'eux, et n'aient eu d'autre habileté que leur fortune : c'est toujours quelque chose assurément. L'histoire ne tient compte que des ministres qui réussissent; et si l'habileté est sujette à contestation, le bonheur est sans réplique, et lui seul a toujours raison dans les affaires publiques. Le plus beau titre que les Romains donnoient à leurs maîtres, étoit celui *d'heureux*, et la postérité ne vous demande pas davantage. Il est des temps où ce qu'il y a de moins pardonnable à un ministère, c'est de tomber, et c'est très-sérieusement que je le dis. Si le ministère actuel étoit renversé, je doute fort que ce fût au profit de l'opposition royaliste. Une autre opposition plus formidable et plus habile se cache derrière la nôtre, et plusieurs d'entre nous qui ont peut-être le cœur plus droit que le jugement, et dont les vues sont plus pures qu'étendues, servent à leur insu un parti plutôt vaincu que subjugué, patient dans la mauvaise fortune, habile à dissimuler, et qui attend et sait ce qu'on peut attendre de la division de ses ennemis. Ils servent ce parti, je le répète, (la joie, qu'il ne peut retenir à la vue de nos divisions, le prouve assez), et peut-être serviroient-ils sans succès les hommes honorables qui marchent à leur tête, et dont l'opposition a des motifs qu'il ne nous appartient pas de rechercher?

Et déjà n'a-t-on pas parlé de certaines alliances, de certaines combinaisons assez étranges qu'on s'est efforcé de nous présenter comme fort rassurantes, et qui n'eussent pas paru tout-à-fait aussi simples au *Conservateur* il y a quelques années, ou lorsque l'illustre écrivain dont nous avons rapporté les paroles, s'élevoit avec tant de force, dans le même ouvrage, contre *ce pitoyable système de fusion et d'amalgame que Buonaparte lui-même*, disoit-il, *n'avoit pu exécuter avec un bras de fer et six cent mille hommes;* lorsqu'il

montroit le danger de confier le pouvoir à des mains peu amies, et qu'il s'écrioit : « Et moi
» aussi j'ai dit qu'il falloit fermer les plaies, ou-
» blier le passé, pardonner l'erreur; mais ce que
» je concevois avant le 20 mars, je ne le conçois
» plus après. Etre un bonhomme, soit! mais un
» niais, non! Je serois aussi trop honteux d'être
» deux fois dupe.

» Vous prétendez, ajoutoit-il, rendre royalistes
» les hommes qui vous ont déjà perdus! Et que
» ferez-vous pour eux, qu'on n'eût point fait
» alors? Ils occupoient toutes les places, ils dé-
» voroient tout l'argent, ils étoient chargés de
» tous les honneurs. Je le répéterai, continuer
» encore le système de fusion et d'amalgame,
» croire qu'on enchaîne la vanité par les bien-
» faits, les passions par les intérêts; en un mot,
» retomber dans toutes les fautes qu'on a faites,
» après une leçon si récente, une expérience si
» rude, disons-le sans détour, il faut que quel-
» que arrêt fatal ait été prononcé contre cet in-
» fortuné pays. »

Et que nous fûmes près alors de voir se vérifier ces paroles remarquables, et confirmer sur nous cet *arrêt fatal*!... Il y avoit aussi une forte opposition contre des ministres sous Louis XIII et au commencement du règne de Louis XIV; de fort honnêtes gens en faisoient partie; de grands seigneurs, des princes du sang et un frère du Roi lui-même étoient à sa tête ; on demandoit aussi le renvoi de ces ministres, et on le demandoit avec un peu plus d'énergie encore qu'aujourd'hui ; probablement on faisoit sentir, comme à présent, tout le danger du *ministérialisme*, et la France étoit *perdue*, si le ministère l'emportoit. Nous ignorons ce qui seroit arrivé s'il fût tombé, mais il l'emporta, et nous savons que la monarchie fut affermie, que les dernières années du règne de Louis XIII préparèrent toute la grandeur de celui de Louis XIV, et que l'histoire en a fait honneur à deux grands ministres, malgré tous les défauts ou les torts qu'elle a pu leur reprocher, et quelques actes qui eurent une couleur tant soit peu arbitraire. On va nous dire que les circonstances sont bien différentes, et que nous vivons sous un gouvernement représentatif, et non sous un gouvernement absolu. Cela est parfaitement vrai ; aussi les choses ne s'y traitent pas tout-à-fait de la même manière. On ne met personne à la Bastille, on ne fait couper le cou à personne ; tout se passe doucement et bénignement ; le ministère continue à tenir bon, l'on continue à attaquer le ministère, et Charles X continue à garder ses ministres, tant que ses ministres continuent à le bien servir.

Je finirai par une réflexion qui se présente

d'elle-même : Lorsque les royalistes ont voulu renverser un ministère qui leur paroissoit funeste pour la monarchie, ce ministère avoit contre lui tout le côté droit de la Chambre, sans lequel tout autre appui devoit bientôt manquer, et tous les nobles débris de la Chambre *introuvable*. Cette même Chambre, si heureusement *retrouvée*, est-elle aujourd'hui contre le ministère ? C'est ce qu'il faudra voir ; mais si cela eût été, la question seroit déjà décidée à l'heure qu'il est.

Le *Journal des Débats*, du 26 octobre 1824, a parlé *du haut degré de prospérité et de splendeur auquel la France s'est vue élevée sous le règne de Louis XVIII*. Il n'y a rien assurément à ajouter à ce tableau de la situation de la France ; et si cet état prospère n'a pu avoir lieu sans une bonne administration, et cette administration sans ministres, et si enfin les ministres sont responsables, je pense que ces paroles du *Journal des Débats* mettent leur *responsabilité* bien à couvert, ou bien il n'y a plus rien de certain au monde, ni en politique, ni même en logique, et le gouvernement représentatif n'est plus qu'un vain mot.

Imprimerie de C. J. TROUVÉ, rue des Filles-Saint-Thomas, n° 12.

www.ingramcontent.com/pod-product-compliance
Lightning Source LLC
Chambersburg PA
CBHW070451080426
42451CB00025B/2703